001

002

003

001, 003. Roman friezes. 002. Greek frieze.

004. Lock. **005.** Key stone. **006, 007.** Greek consoles. **008.** Italian torchère. **009.** Console for chiffonier.

010

011

012

010, 012. Germanesque borders. 011. Medieval pilaster.

3

013, 015. Renaissance pilasters. 014. Italian centerpiece.

017

016

016. Arabesque panel. 017. Italian panel.

018

019

020

021

022

023

018–020. Greek panels. 021, 022. Gothic pateras. 023. Border from the Alhambra.

024

025

026

024. Roman frieze. **025.** Germanesque border. **026.** Gothic frieze.

7

027–029, 031. Brooches. 030, 032. Watch backs. 033, 035. Earrings. 034. Tiara.

036

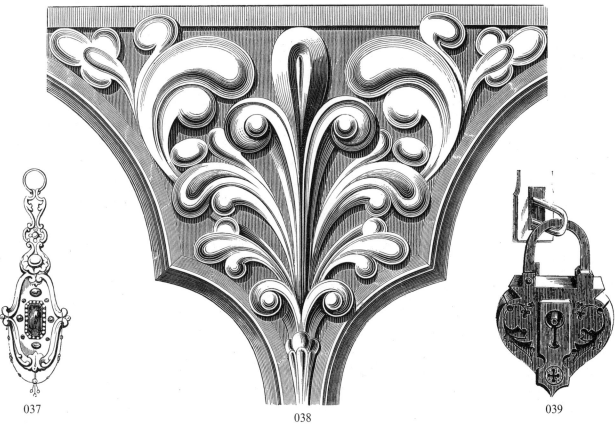

037

038

039

036. Gothic screen. 037. Earring. 038. Gothic spandrel. 039. Padlock.

040. Dessert plate. 041. Jug. 042, 044. Italian fingerplates. 043. Claret jug.

045, 047. Wine glasses. 046. Dessert plate. 048, 050. Cream ewers. 049. Spoon handle.

053

052

051

051. Renaissance panel. 052. Gate of the Treasury of Atreus, Greece. 053. Renaissance panel.

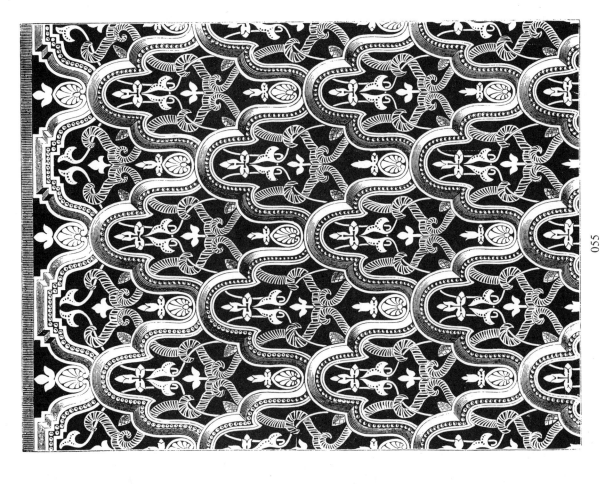

055

054

054. Decorative panel. 055. Ornament from the Alhambra.

056

057

058

056. Greek frieze. **057.** Arabesque center design. **058.** Grecian centerpiece design.

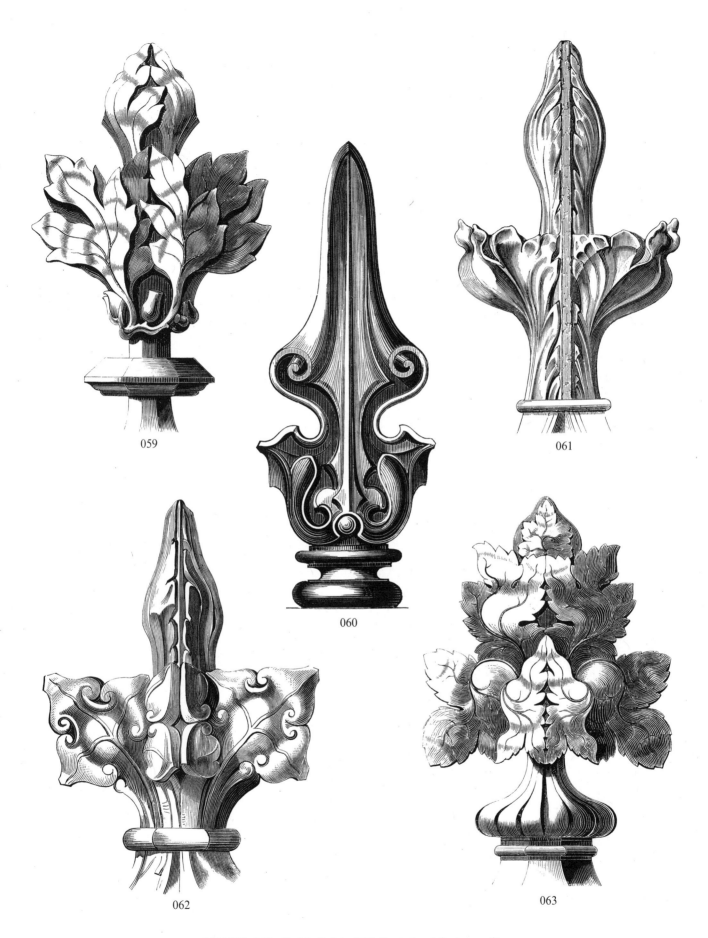

059, 061–063. Gothic finials. **060.** Spear head for iron railing.

064

065

066

067

068

069

064, 065. Door knockers. 066. Closing ring. 067, 069. Bell pulls. 068. Key stone.

16

070, 071. Key handles. **072.** Loo table pillar and claw. **073, 075.** Iron bedstead pillars. **074.** Printed veneer tabletop.

076, 077, 079. Greek bosses. 078. Boss. 080, 081. Gothic bosses.

082

083

084

085

086

087

082–086. Gothic bosses. **087.** Border.

088   089

090   091

088. Composite capital. **089, 091.** Gothic capital. **090.** Roman Doric.

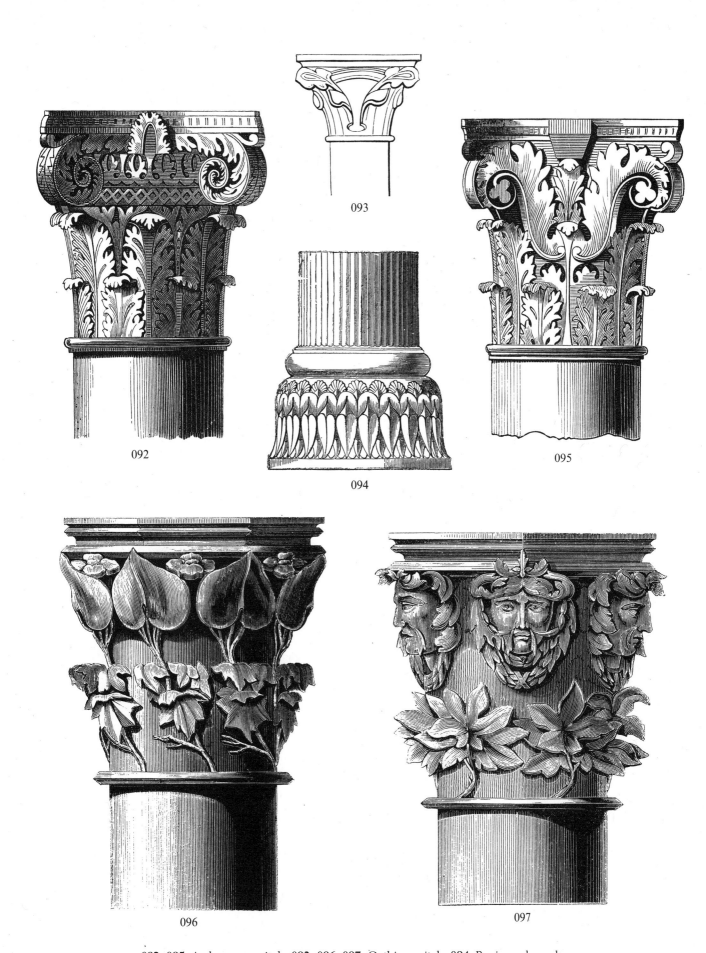

092

093

094

095

096

097

092, 095. Arabesque capitals. **093, 096, 097.** Gothic capitals. **094.** Persian column base.

099

098

098. Italian panel. 099. Scroll.

22

101

100

100. Wallpaper pattern. 101. Louis Quatorze design.

23

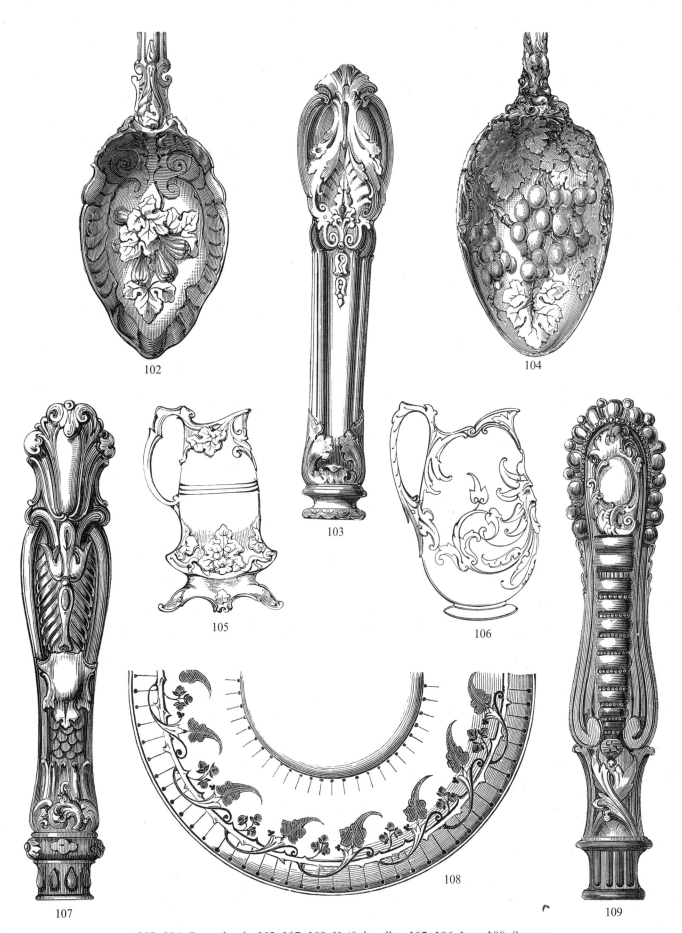

102, 104. Spoon bowls. 103, 107, 109. Knife handles. 105, 106. Jugs. 108. Saucer.

110, 112, 114. Dish covers. **111.** Tea cup. **113.** Spoon bowl. **115.** Coffee cup.

116

117

118

116, 118. Greek friezes. 117. Elizabethan panel.

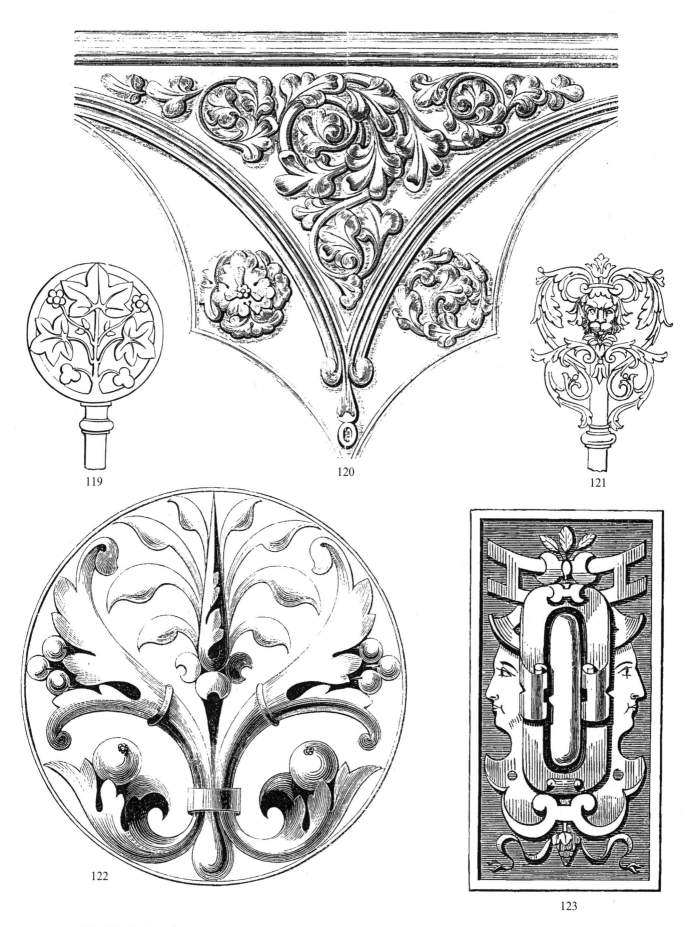

119, 121. Key handles. **120.** Gothic spandrel. **122.** Italian ornament. **123.** Panel from 16th-century cabinet.

124, 125. Chair backs. **126, 127.** Pianoforte legs. **128.** Chair leg.

28

129. Modern ribbon. **130, 131.** Claws for table. **132, 134.** French consoles for side table. **133.** Chair leg.

135. Elizabethan ceiling. 136. Louis XIV mirror.

138

137

137. Greek panel. 138. Damask pattern.

139

140

141

139, 141. Germanesque borders. 140. Etruscan ornament.

142. Modern ribbon. **143.** Louis XIV centerpiece. **144.** Border. **145.** Heraldic shield.

146, 148. Closing rings. **147, 150.** Gas brackets. **149.** French console. **151, 153.** Curtain arms. **152.** Transparent window blind.

34

154

155

154. Italian frieze. **155.** Frieze design.

35

157

156

156, 157. French panels.

160

159

158, 160. Arabesque door panels. 159. Decorative panel.

158

37

161. Gothic corner piece. **162.** Bracket. **163, 164.** Flemish brackets. **165.** Console for chiffonier. **166.** Arabesque corner piece.

167. Arabesque corner piece. 168. Corner piece. 169–171. French consoles. 172. French corner piece.

173. Louis XIV tankard. **174.** Florentine vase. **175.** Italian water jug. **176, 178.** Vases. **177.** Jug.

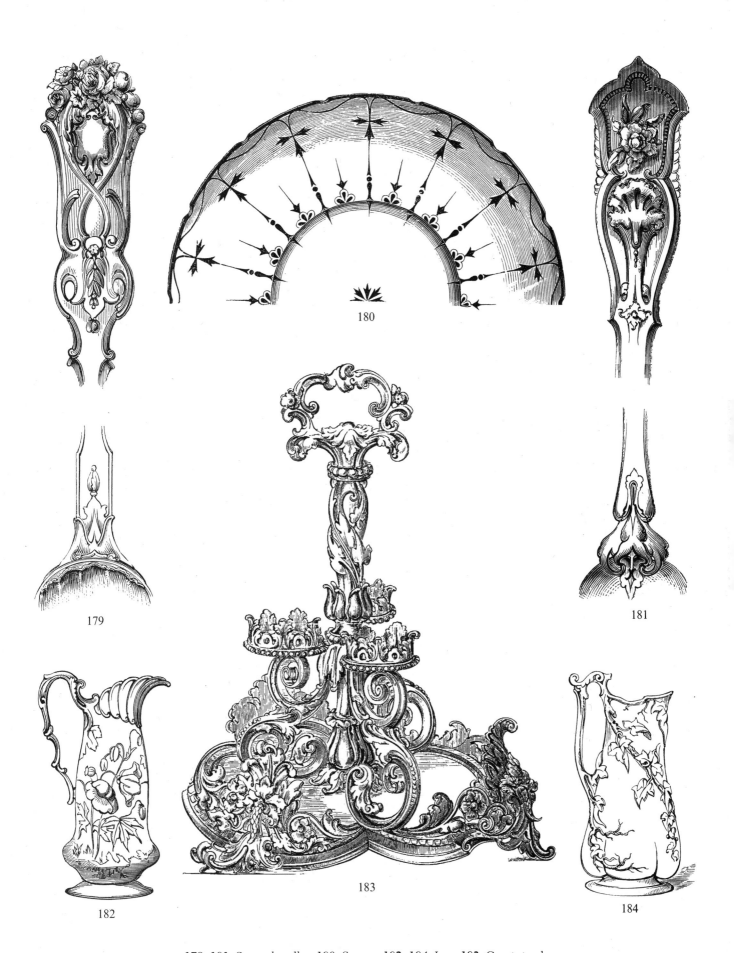

179, 181. Spoon handles. 180. Saucer. 182, 184. Jugs. 183. Cruet stand.

185

186

187

185, 186. Italian friezes. **187.** End piece from a looking glass.

188, 190. Louis XIV scroll. **189.** Modern ribbon.

191, 192. Cornices for window curtains. **193.** Curtain cornice. **194, 195.** Cornices for Arabian bedsteads.

196

197

198

196, 198. Ends for iron bedsteads. 197. Italian balcony.

199

200

201

202

203

204

205

206

199, 201. Arabesque capitals. 200, 202–206. Gothic capitals.

207

208

209

210

211

207, 208, 210. Gothic capitals. 209. Corinthian capital. 211. Roman Ionic.

213

212

212, 213. Italian pilasters.

216

215

214, 216. French borders. 215. Carpet pattern.

214

49

217, 222. Gothic spandrels. 218, 219, 221. Iron ventilators. 220. Spandrel from Ecclesiastical window.

223

224

225

226

227

228

229

230

223, 224, 227, 228, 230. Etruscan borders. **225.** Trefoil from Ecclesiastical window.
226. Spandrel from Ecclesiastical window. **229.** Encaustic tile.

231

232

233

231. Top piece from a looking glass. **232.** Gothic frieze. **233.** Ironwork heading.

234. French console for side table. **235.** Inlaid tabletop. **236.** Chair leg. **237.** End piece for Arabian bedstead.

238, 241. Panels from 16th-century cabinet. 239. Centerpiece. 240. Gothic pilaster cap.

54

244

243

242–244. Panels.

242

55

245. Louis XIV centerpiece. **246.** Centerpiece. **247.** Corner piece. **248.** Elizabethan panel. **249.** Border.

250

251

250. Italian buhlwork design. **251.** Greek centerpiece.

252

253

254

255

252. Ceiling. **253, 254.** Encaustic tiles. **255.** Tessellated pavement.

256

257

258

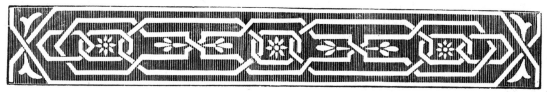

259

260

261

262

263

256–258, 260–262. Encaustic tiles. **259.** Border from the Alhambra. **263.** Fret.

264

265

266

267

264, 266. Greek ornaments. **265.** Renaissance pilaster. **267.** Venetian pilaster.

268. Arabesque corner piece. **269–271.** Greek starting points. **272, 273.** Gothic canopy spandrels. **274, 275.** Gothic crockets.

277

278

276

276. Elizabethan ceiling. 277, 278. Arabesque ceilings.

280

279

279. Renaissance façade, Santa Maria de Miracoli. 280. Elizabethan panel.

281

282

283

284

285

286

281–283. Encaustic tiles. **284, 285.** Frets. **286.** Tessellated pavement.